卞尺丹几乙し丹卞と

Translated Language Learning

La Belle au Bois Dormant

Sleeping Beauty
By Charles Perrault

Français / English

Cover by Ambrose Dudley

Published by Tranzlaty
ISBN: 978-1-83566-139-0
Original text by Charles Perrault
La Belle au bois dormant
First published in French in 1679
Taken from The Blue Fairy Book (1889)
Translated by Andrew Lang
www.tranzlaty.com

La Belle au Bois Dormant

Sleeping Beauty

Il était une fois un roi et une reine
Once upon a time there lived a king and queen
Le roi et la reine étaient affligés
The king and the queen were grieved
Ils étaient plus affligés que les mots ne peuvent le dire
they were more grieved than words can tell
parce qu'ils n'avaient pas d'enfants
because they had no children
Ils ont essayé les eaux de tous les pays
They tried the waters of every country
Ils ont fait des vœux et des pèlerinages
they made vows and pilgrimages
et ils ont fait tout ce qui pouvait être fait
and they did everything that could be done
mais tout ce qu'ils ont fait n'a eu aucun résultat
but all that they did had no result
Enfin, cependant, les souhaits de la reine ont été exaucés.
At last, however, the queen's wishes were fulfilled
et en temps voulu, elle a donné naissance à une fille
and in due course she gave birth to a daughter
Un grand baptême a eu lieu pour la princesse
A grand christening was held for the princess
et toutes les fées ont été invitées à être marraines
and all the fairies were invited to be godmothers
pour que chacun d'eux puisse lui apporter un cadeau
so that each one of them could bring her a gift

et elle pourrait obtenir toutes les perfections imaginables
and she might get every imaginable perfection
c'était la coutume avec les fées à cette époque
this was the custom with Fairies in those days
Il y avait sept fées, en tout
There were seven fairies, all in all
ou du moins, il y avait sept fées qu'ils pouvaient trouver
or at least, there were seven Fairies they could find
Mais cela a de nouveau plu au roi et à la reine
But this again pleased the King and Queen
Parce que sept est un chiffre porte-bonheur
because seven is a lucky number
et les fées se faisaient déjà rares
and Fairies were already growing scarce

À la fin de la cérémonie de baptême
When the christening ceremony was over
tout le monde est retourné au palais du roi
everyone returned to the King's palace
Un grand banquet a été organisé en l'honneur des fées
A great banquet was held in honour of the fairies
Leurs tables étaient dressées dans un style magnifique
Their tables were laid in magnificent style
et avant chaque fée était un cercueil d'or
and before each Fairy was a gold casket
Chaque cercueil contenait une cuillère, une fourchette et un couteau
each casket contained a spoon, fork, and knife

et chaque cercueil était en or fin
and each casket was made of fine gold
et ils étaient serties de diamants et de rubis
and they were set with diamonds and rubies
tous étaient sur le point de s'asseoir à la table
all were about to sit down to the table
et une fée âgée a été vue entrer
and an aged fairy was seen to enter
Personne n'avait pensé à inviter cette fée
no one had thought to invite this fairy
depuis plus de cinquante ans, elle n'avait pas quitté sa tour
for more than fifty years she had not left her tower
Les gens pensaient qu'elle était déjà morte
people thought she had already died
ou ils pensaient qu'elle avait été ensorcelée
or they thought she had been bewitched
C'est la façon la plus courante dont les fées se terminaient
This is the commonest way that Fairies ended
ils s'enferment dans une tour
they lock themselves up in a tower
ou ils vont dans un chêne creux
or they go within a hollow oak
et puis on ne les reverra plus jamais
and then they are never seen again
Son menton et son nez ont presque touché
Her chin and her nose almost touched
Son visage ressemblait à un vieux casse-noix
her face looked like an old nut-crackers

parce qu'il lui restait très peu de dents
because she had very few teeth remaining
mais entre ses dents, elle grogna
but between her teeth she growled
"Je suis la fée Uglyane"
"I am the Fairy Uglyane"
Où sont les manières de votre roi?
"Where are your King's manners?"
"N'ai-je pas été invité?"
"Have I not been invited?"
Elle accusa les manières du roi
she accused the king's manners
mais le Genre était en fait le plus poli des hommes
but the Kind was in fact the politest of men
Le roi ordonna qu'on lui fasse de la nourriture
The King ordered food to be made for her
et on lui a également donné une place à la table
and she was also given a seat at the table
mais il était impossible de lui donner un cercueil en or
but it was impossible to give her a golden casket
parce que seulement sept avaient été fabriqués
because only seven had been made
La vieille créature croyait qu'elle était offensée
The old creature believed she was slighted
et marmonné des menaces entre ses dents
and muttered threats between her teeth
Elle a été entendue par l'une des jeunes fées
She was overheard by one of the young fairies
La jeune fée pouvait sentir quelques problèmes
The young fairy could sense some trouble

Un cadeau espiègle pourrait être accordé à la princesse
a mischievous gift might be bestowed upon the princess
Et dès que l'entreprise a quitté la table, elle s'est cachée derrière les rideaux
And as soon as the company left the table she hid behind the curtains
Son intention était d'être la dernière à parler
Her intention was to be the last to speak
La vieille fée pourrait faire du mal
the old fairy might do some evil
et elle pourrait être en mesure de contrer le mauvais sort
and she might be able to counteract the evil spell

Les fées ont commencé à donner leurs cadeaux
The fairies began to bestow their gifts
La plus jeune fée l'a ordonnée la plus belle
The youngest fairy ordained her to be the most beautiful
La fée suivante la bénit avec un tempérament d'ange
the next fairy blessed her with an angel's temper
Le troisième accorda une grâce merveilleuse à la princesse
the third bestowed wonderful grace upon the princess
le quatrième lui a donné le don de la danse parfaite
the fourth gave her the gift of perfect dance
La cinquième fée lui donna la voix d'un rossignol
the fifth fairy gave her the voice of a nightingale
et la sixième fée a offert la musicalité de princesse
and the sixth fairy gifted the princess musicality
C'était maintenant le tour de la vieille fée

It was now the turn of the aged fairy
Elle secoua la tête en signe de dépit
She shook her head in a token of spite
Plutôt que de confirmer son tour, elle déclara que la princesse devait lui piquer la main.
rather than to confirm her turn, she declared the princess was to prick her hand
“Un fuseau va lui piquer la main”
"a spindle will prick her hand"
“Et de cette piqûre elle mourra”
"and from this prick she will die"
Un frisson parcourait la foule
A shudder ran through the crowd
Tous les yeux étaient remplis de larmes
All eyes were filled with tears
Mais alors la jeune fée s’avança de derrière la tapisserie
But then the young fairy stepped forward from behind the tapestry
“Réconfortez-vous, Vos Majestés” s’écria-t-elle.
"Take comfort, your Majesties" she cried
“Ta fille ne mourra pas”
"Your daughter shall not die"
“Mon pouvoir ne suffit pas”
"My power is not enough"
“Mon pouvoir ne défera pas tout ce que ma vieille parente a décrété”
"my power won't undo all my aged kinswoman has decreed"
“La princesse va en effet se piquer la main”

"The princess will indeed prick her hand"
"Il est vrai qu'un fuseau lui piquera la main"
"it is true that a spindle shall prick her hand"
"Mais elle n'en mourra pas"
"but she will not die from this"
"Au lieu de cela, elle s'endormira profondément"
"instead she shall merely fall deeply asleep"
"un sommeil qui durera cent ans"
"a slumber that will last a hundred years"
«A la fin de ce temps, le fils d'un roi viendra la réveiller»
"At the end of that time a king's son shall come to awaken her"
Pour tenter d'éviter la malédiction de la vieille fée
In an attempt to avoid the old Fairy's curse
Le roi interdit l'utilisation de tous les fuseaux
the king forbade the use of all spindles
La punition pour l'utilisation d'une broche devait être la mort
the punishment for using a spindle was to be death
Cela a gravement intrigué et bouleversé toutes les femmes.
It gravely puzzled and distressed all the women
Ils étaient réputés pour la qualité de leur linge
they were famous for the quality of their linen
et ils étaient fiers d'eux-mêmes dans leur travail
and they were proud of themselves in their work
"Mais quel genre de linge pouvons-nous filer?" demandèrent-ils.
"But what sort of linen can we spin?" they asked

«Quel linge pouvons-nous filer sans utiliser de broches?»
"what linen can we spin without the use of spindles?"
Cependant, ils avaient une grande affection pour leur monarque.
However, they had a great affection for their monarch
et pendant seize ans, tous les rouets restèrent silencieux
and for sixteen years all the spinning-wheels were silent
La petite princesse a grandi sans jamais avoir vu de rouet
The little Princess grew up without ever having seen a spinning-wheel

Après environ seize ans, le roi et la reine étaient absents un jour
After around sixteen years, the king and queen were away one day
La princesse courait dans le château
The princess was running around in the castle
Elle montait de chambre en pièce
she went upstairs from room to room
et finalement elle arriva au sommet d'une tour
and finally she came to the top of a tower
Ici, au sommet de la tour, une vieille servante était assise seule
Here in the top of the tower an old serving woman sat alone
Il se trouve qu'elle filait de la soie
She happened to be spinning silk
Cette bonne femme n'avait jamais entendu la loi du roi

This good woman had never heard the king's law
et elle filait la soie tout à fait innocemment
and she was spinning silk quite innocently
“Que faites-vous, ma bonne femme?” demanda la princesse
"What are you doing, my good woman?" asked the princess
“Je suis en train de filer de la soie, ma jolie enfant” répondit la dame
"I am spinning silk, my pretty child" replied the dame
Et elle ne savait pas qui était la princesse
and she didn't know who the princess was
“Oh, quel plaisir !” répondit la princesse
"Oh, what fun!" replied the princess
“Comment faites-vous?”
"How do you do it?"
“Laissez-moi essayer de voir si je peux le faire aussi”
"Let me try and see if I can do it too"
En partie parce qu’elle était trop hâtive
Partly because she was too hasty
mais aussi parce que la vieille fée l’avait ordonné
but also because the Old fairy had ordained it
Elle attrapa le fuseau et se piqua la main
she grabbed the spindle and pricked her hand

La bonne femme a crié à l’aide
The good woman cried out for help
Les gens sont venus en courant de chaque pièce
People came running from every room
Ils lui ont jeté de l’eau au visage

They threw water on her face
Ils ont délacé sa robe moulante
they unlaced her tight dress
Ils lui ont giflé les mains et lui ont chatouillé les pieds
they slapped her hands and tickled her feet
Ils ont brûlé des plumes sous son nez
they burned feathers under her nose
mais elle ne se réveillait pas de son sommeil
but she would not wake from her sleep
Et quelqu'un devait dire au roi ce qui s'était passé
and someone had to tell the king what had happened
Le roi se souvint de la prophétie de la fée
The king remembered the Fairy's prophecy
Il savait que c'était inévitable
He knew that it was inevitable
parce que la fée l'avait décrété
because the fairy had decreed it
Il ordonna que la princesse soit placée dans son lit.
He ordered the princess to be placed in her bed
Et vous auriez pensé qu'elle était un ange
and you would have thought she was an angel
La transe n'avait pas enlevé sa belle couleur
The trance had not taken away her lovely color
Ses joues étaient délicatement rougies
Her cheeks were delicately flushed
Ses lèvres étaient comme du corail
her lips were like coral
Ses yeux étaient en effet fermés
Her eyes indeed were closed
mais sa respiration douce pouvait être entendue

but her gentle breathing could be heard
Vous pouviez voir qu'elle n'était pas morte
you could see she was not dead
Le roi ordonna qu'on la laisse dormir jusqu'à l'heure de son réveil.
The king commanded she should be left to sleep until the hour of her awakening
Quand l'accident est arrivé à la princesse
When the accident happened to the princess
la bonne fée qui lui avait sauvé la vie en la condamnant à dormir cent ans
the good fairy who had saved her life by condemning her to sleep a hundred years
la bonne fée était au royaume de Mataquin
the good fairy was in the kingdom of Mataquin
C'était à douze mille lieues
this was twelve thousand leagues away
Elle a été instantanément informée par un petit nain, cependant.
She was instantly told by a little dwarf, however
un petit nain qui avait des bottes de sept lieues
a little dwarf who had seven-league boots
Des bottes qui pourraient prendre sept lieues d'affilée
boots that could take seven leagues in a step
et la fée partit aussitôt
and the fairy set off at once
Son char de feu était tiré par des dragons
Her chariot of fire was drawn by dragons
et en moins d'une heure, elle s'approchait du château
and within an hour she was approaching the castle

Le roi l'aida à descendre de son char
The king helped her down from her chariot
et elle approuvait tout ce qu'il avait fait
and she approved of all that he had done
Douée d'un grand pouvoir de prévoyance, elle savait ce qu'il fallait faire.
Being gifted with great powers of foresight she knew what had to be done
Elle savait que lorsque la princesse viendrait à être réveillée, elle serait affligée d'être toute seule.
she knew when the princess came to be awakened she will be distressed to be all alone
Et c'est ce qu'elle a fait;
And this is what she did;
Elle touchait tout le monde avec sa baguette sauf le roi et la reine
She touched everybody with her wand except the king and queen
gouvernantes, demoiselles d'honneur, dames d'honneur, messieurs,
governesses, maids of honour, ladies-in-waiting, gentlemen,
officiers, stewards, cuisiniers, scullions, garçons de courses
officers, stewards, cooks, scullions, errand boys
gardes, porteurs, pages et fantassins.
guards, porters, pages and footmen.
Elle a touché tous les chevaux des écuries
She touched all the horses in the stables
et elle toucha les palefreniers du cheval

and she touched the horse's grooms
Elle a touché les grands dogue dans la cour
she touched the big mastiffs in the courtyard
et elle toucha le petit Puff qui était allongé sur le lit de la princesse
and she touched little Puff who was laying on the Princess' bed
Little Puff était le chien de compagnie de la princesse
Little Puff was the Princess' pet dog
Au moment où elle les a touchés, ils se sont endormis
The moment she touched them they fell asleep
et ils ne se réveilleraient que lorsque la princesse se réveillerait
and they would only awaken when the Princess awoke
De cette façon, ils seraient toujours prêts à la servir.
this way they would always be ready to serve her
Ils seraient là chaque fois qu'elle en aurait besoin
they would be there whenever she should require it
Le feu lui-même s'est endormi
The very fire itself fell asleep
et tout a été fait en un instant
and all was done in a moment
Les fées ne tardent pas à faire leur travail
fairies do not take long to do their work
Puis le roi et la reine embrassèrent leur enfant
Then the king and queen kissed their child
Ils l'ont embrassée sans la réveiller
they kissed her without waking her
et puis ils ont quitté le château
and then they left the castle

Des proclamations ont été publiées :
proclamations were issued:
Il était interdit de s'approcher du château
it was forbidden to approach the castle
Mais ces avertissements n'étaient pas nécessaires
but these warnings were not needed
Des arbres ont poussé tout autour du château
trees grew up all around the castle
Les ronces entrelacées et les épines formaient une barrière naturelle
interlacing brambles and thorns formed a natural barrier
et donc ni l'homme ni la bête ne pouvaient entrer dans le château
and so neither man nor beast could enter into the castle
Seuls les sommets des tours pouvaient être vus
Only the tops of the towers could be seen
et ils ne pouvaient être vus que de loin
and they could only be seen from a distance
Et c'est ainsi que la magie de Fairy a atteint son objectif
And so Fairy's magic achieved its goal
La princesse n'avait rien à craindre pendant tout le temps de son sommeil
the princess had nothing to fear during all the time of her slumber

Après cent ans, le trône était passé
After a hundred years the throne had passed
Une autre famille était maintenant les monarques
another family were now the monarchs

Un jour, le fils du roi chassait près de la forêt du château de la princesse
One day the king's son was hunting nearby the forrest of the Princess' castle
et au loin il vit quelques tours
and in the distance he saw some towers
au milieu de la grande et dense forêt
in the midst of the large and dense forest
Il a demandé ce qu'étaient les tours
he asked what the towers were
Ses assistants lui ont raconté diverses histoires
His attendants told him various stories
certaines étaient des histoires qu'ils avaient entendues
some were stories which they had heard
et certaines étaient des histoires qu'ils avaient imaginées
and some were stories which they had imagined
Certains ont dit qu'il y avait un vieux château hanté par des fantômes
Some said there was an old castle haunted by ghosts
D'autres ont dit que toutes les sorcières y tenaient leurs réunions.
others said all the witches held their meetings there
La plupart ont dit qu'un ogre vivait dans le château
Most said an ogre lived in the castle
et l'ogre emmena les enfants
and the ogre carried children away
et l'ogre les dévorait à loisir
and the ogre devoured them at his leisure
et seul l'ogre pouvait traverser les bois

and only the ogre could get through the woods
donc personne n'avait pu le poursuivre
so nobody had been able to pursue him
Le prince se demandait toujours quoi croire
the prince was still wondering what to believe
Puis un vieux paysan a commencé à raconter une histoire
then an old peasant started telling a story
"Votre Altesse" dit-il
"Your Highness" he said
"Il y a plus de cinquante ans, j'ai entendu mon père parler de ce château"
"more than fifty years ago I heard my father tell of this castle"
"Dans ce château repose une princesse"
"in this castle lies a princess"
"la plus belle princesse qu'il y ait jamais eue"
"the most beautiful Princess there has ever been"
"Elle est condamnée à y dormir pendant cent ans"
"She is doomed to sleep there for a hundred years"
"Et alors elle sera réveillée par le fils d'un roi"
"and then she will be awakened by a king's son"
"Et elle attend sa venue"
"and she is waiting for his coming"
Cette histoire a enflammé le jeune prince
This story fired the young prince
Il a sauté immédiatement à une conclusion
He jumped immediately to one conclusion
Il devrait être celui qui part dans cette aventure
he should be the one to go on this adventure

Poussé par l'amour et la gloire, il décida alors d'aller au château
driven by love and glory, he decided then and there go to the castle
Il avait à peine fait un pas vers le bois que les ronces et les épines se séparèrent
He had hardly taken a step towards the wood when the brambles and the thorns separated
Un chemin vers le château a été fait pour le prince
a path to the castle was made for the prince
Il se tourna en direction du château
He turned in the direction of the castle
et il vit le château au bout d'une longue avenue
and he saw the castle at the end of a long avenue
Il est entré dans cette avenue, mais il a été surpris
This avenue he entered, but he was surprised
Les arbres derrière lui se refermèrent dès qu'il fut passé
the trees behind him closed up again as soon as he had passed
Aucun membre de son personnel n'a pu le suivre
none of his staff were able to follow him
Un jeune prince est toujours courageux, cependant
A young prince is always brave, however
Alors il a continué son chemin à travers les arbres
so he continued on his way through the trees
et maintenant il atteignit un grand parvis
and presently he reached a large forecourt
La vue de la cour le remplit d'une peur glaciale
The sight of the courtyard filled him with an icy fear

Le silence de l'endroit était épouvantable
The silence of the place was dreadful
Le sentiment de mort semblait l'entourer
the sense of death seemed to surround him
Les hommes et les animaux semblaient tous sans vie, jusqu'à ce qu'il comprenne quelque chose;
The men and animals had all seemed lifeless, until he perceived something;
les nez boutonneux et les visages roux des porteurs
the pimply noses and ruddy faces of the porters
ils dormaient simplement!
they were merely sleeping!
Il était évident qu'ils ne pouvaient que dormir
It was plain to see that they could only be asleep
Il y avait encore quelques gouttes de vin dans leurs verres
there were still some drops of wine in their glasses
ils s'étaient endormis en buvant
they had fallen asleep while drinking
Le prince entra dans une grande cour
The prince made his way into a great courtyard
et il monta l'escalier et il entra dans la salle de garde
and he mounted the staircase and he entered the guardroom
Ici, les gardes étaient alignés des deux côtés
Here the guards were lined up on both side
leurs mousquets étaient sur leurs épaules
their muskets were on their shoulders
et ils ronflaient aussi fort qu'ils le pouvaient
and they were snoring as loud as they could

Il a traversé plusieurs appartements
He went through several apartments
Chaque salle était bondée de dames et de messieurs
each room was crowded with ladies and gentlemen
Certaines dames étaient assises, d'autres étaient debout
some ladies were seated, some gentlemen were standing
mais toutes les dames et messieurs dormaient
but all the ladies and gentlemen were asleep
Il poussa plus loin à travers le château
he pushed on further through the castle
Et c'est ainsi qu'il est finalement arrivé dans une chambre
and so he finally came to a chamber
une chambre ornée d'or
a chamber which was decked with gold
Il y avait le plus beau spectacle qu'il ait jamais vu
There was the most beautiful sight he had ever seen
Une jeune princesse allongée sur un lit
a young princess reclining upon a bed
une jeune princesse dont la beauté rayonnante avait un éclat presque surnaturel
a young princess whose radiant beauty had an almost unearthly lustre
Tremblant d'admiration, il s'approcha d'elle
Trembling with admiration he came near her
et il s'est mis à genoux à côté d'elle
and he went on his knees beside her
Au même moment, l'heure du désenchantement était venue

At the same moment, the hour of disenchantment had come

La princesse se réveilla, et elle lui lança un regard tendre

the princess awoke, and she bestowed upon him a tender look

Un regard plus tendre qu'un premier coup d'œil pourrait le justifier

a look more tender than a first glance might warrant

"Est-ce toi, cher prince?" dit-elle

"Is it you, dear prince?" she said

"Vous avez été longtemps à venir!"

"You have been long in coming!"

Le prince fut très charmé par ces paroles

the prince was very charmed by these words

et il était particulièrement charmé par la manière dont ses paroles

and he was especially charmed by the manner of her words

Il savait à peine exprimer sa joie

he scarcely knew how to express his delight

Il a déclaré qu'il l'aimait plus qu'il ne s'aimait lui-même

He declared he loved her more than he loved himself

Ses paroles vacillaient, mais elle était particulièrement heureuse de sa tentative

His words were faltering, but she was especially pleased by his attempt

Moins il y a d'éloquence, plus il y a d'amour

The less there is of eloquence, the more there is of love

Son embarras était moindre que le sien
Her embarrassment was less than his
Mais ce n'est pas surprenant
but that is not surprising
Elle avait eu le temps de réfléchir à ce qu'elle allait dire
she had had time to think of what she would say
Il semble que la bonne fée lui ait permis d'agréables rêves
It seems the good fairy allowed her pleasant dreams
Bien que cela ne soit pas mentionné dans l'histoire
although this isn't mentioned in the story
Et même après quatre heures de conversation, ils n'avaient dit que la moitié de ce qu'ils voulaient
and even after four hours of talking they had only said half of what they wanted to

Maintenant, tout le palais s'était réveillé
Now the whole palace had awakened
Tout le monde vaquait à ses occupations
Everyone went about their business
Et comme ils n'étaient pas tous amoureux, ils ont commencé à avoir très faim.
and since they were not all in love they began to feel very hungry
La dame d'honneur souffrait comme les autres
The lady-in-waiting was suffering like the rest
Et finalement, elle a perdu patience aussi
and eventually she lost patience too
et d'une voix forte, elle appela la princesse

and in a loud voice she called out to the princess
“Le souper est servi”
"supper is being served"
La princesse était déjà entièrement habillée
The princess was already fully dressed
et elle était dans un style magnifique
and she was in most magnificent style
Alors qu’il l’aidait à se lever, elle avait l’air habillée comme sa grand-mère.
As he helped her to rise, she looked dressed like his grandmother
Mais le prince s’abstint de le lui dire
but the prince refrained from telling her
Et ça ne l'a pas rendue moins belle
and it didn't make her less beautiful
Ils sont passés dans un appartement plein de miroirs
They passed into an apartment full of mirrors
et là, ils étaient servis avec le souper pendant que les violons jouaient de la vieille musique
and there they were served with supper while the violins played some old music
Les violons l’ont remarquablement bien joué
The violins played it remarkably well
bien qu’il n’ait pas été joué depuis cent ans
despite not having been played for a hundred years
Un peu plus tard, à la fin du souper, l’aumônier les épousa.
A little later, when supper was over, the chaplain married them
et en temps voulu, ils sont retournés se reposer

and in due course, they went back to rest
Ils dormaient, mais peu, cependant
They slept, but little, however
La princesse n'avait pas beaucoup besoin de dormir
The princess didn't have much need of sleep
et dès que le matin vint, le prince repartit
and as soon as morning came the prince left again
Il retourna à la ville
He returned to the city
et il a dit à son père qu'il s'était perdu
and he told his father that he had gotten lost
Son père attendait avec une certaine anxiété
His father had been waiting with some anxiety
mais il a dit qu'il avait obtenu du pain noir
but he said he had obtained some black bread
et avait également obtenu du fromage d'un agriculteur
and had also gotten some cheese from a farmer
Et il a dit qu'il avait passé la nuit avec le fermier
and he said that he spent the night with the farmer
Son père royal était d'une nature facile à vivre.
His royal father was of an easygoing nature
et il a cru à l'histoire
and he believed the tale
Mais sa mère n'a pas été si facilement trompée
but his mother was not so easily hoodwinked
Elle a remarqué qu'il allait maintenant à la chasse tous les jours
She noticed he now went hunting every day
et elle a remarqué qu'il avait toujours une excuse
and she noticed he always had an excuse

surtout quand il avait dormi deux ou trois nuits
especially when he had slept two or three nights away
Elle était certaine qu'il avait une histoire d'amour
She felt certain he had some love affair

Deux années entières se sont écoulées depuis le mariage
Two whole years passed since the marriage
et pendant ce temps, ils ont eu deux enfants
and during that time they had two children
La première était une fille nommée d'après l'aube
The first was a daughter named after the dawn
le second était un garçon nommé d'après le jour
the second was a boy named after the day
parce qu'il semblait encore plus beau que sa sœur
because he seemed even more beautiful than his sister
La reine disait souvent à son fils qu'il devait s'installer
The queen often told her son he ought to settle down
Mais elle n'a fait cela que pour le tromper
But she only did this to trick him
Elle voulait qu'il se confie à elle
she wanted to make him confide in her
mais il n'osait pas lui confier son secret
but he did not dare to trust her with his secret
Même s'il aimait sa mère, il avait peur d'elle
Even though he loved his mother, he was afraid of her
parce qu'elle venait d'une race d'ogres
because she came from a race of ogres
et le roi ne l'avait épousée que pour sa richesse
and the king had only married her for her wealth
On murmurait qu'elle avait des instincts d'ogre

It was whispered that she had ogre-ish instincts
Quand les petits enfants étaient près d'elle, elle avait la plus grande difficulté à ne pas se jeter sur eux
when little children were near her she had the greatest difficulty not to pounce on them
Pas étonnant que le prince ait été réticent à dire un mot
No wonder the prince was reluctant to say a word
Mais au bout de deux ans, le roi mourut
But at the end of two years the king died
et le prince se retrouva sur le trône
and the prince found himself on the throne
Il a ensuite annoncé publiquement son mariage.
He then made public announcement of his marriage
et il alla chercher sa femme dans son château
and he went to fetch his wife from her castle
Avec ses deux enfants à ses côtés, elle a fait une entrée triomphale
With her two children beside her, she made a triumphant entry
dans le château du royaume de son mari
into the castle of her husband's realm

Quelque temps après, le roi déclara la guerre
Some time afterwards the king declared war
il combattra l'empereur Cantalabutte
he will fight the Emperor Cantalabutte
Comme il allait être absent, il nomma la reine mère régente
Since he was going to be absent, he appointed the queen

mother as regent

et il confia sa femme aux soins de sa mère

and he entrusted his wife to his mother's care

et il lui confia aussi ses enfants

and he also entrusted his children to her care

Il s'attendait à être à la guerre tout l'été

He expected to be away at war all summer

Et dès qu'il fut parti, la reine mère envoya la famille à la campagne

and as soon as he was gone the queen mother sent the family to the country

Elle les a fait vivre dans un manoir dans la forêt

she made them live in a mansion in the forest

De cette façon, elle pouvait satisfaire ses horribles désirs

This way she could gratify her horrible longings

ou du moins, elle trouverait plus facile de faire la mauvaise chose

or at least she would find it easier to do the evil thing

Quelques jours plus tard, elle s'y rendit.

A few days later she went there

et le soir, elle a convoqué l'intendant en chef

and in the evening she summoned the chief steward

"Pour mon dîner demain", lui dit-elle, "Je mangerai la petite aube".

"For my dinner tomorrow" she told him, "I will eat little dawn"

"Oh, Madame!" s'exclama le steward.

"Oh, Madam!" exclaimed the steward

"C'est ma volonté" dit la reine

"That is my will" said the queen

et elle parlait sur les tons d'un ogre

and she spoke in the tones of an ogre

Un ogre qui aspire à la viande crue

an ogre who longs for raw meat

"Tu la serviras avec une sauce piquante"

"You will serve her with piquant sauce"

Le pauvre homme vit qu'il ne pouvait pas discuter avec une ogresse,

The poor man saw he couldn't argue with an ogress,

il prit son grand couteau et monta dans la chambre de la petite Dawn

he took his big knife and he went up to little Dawn's chamber

Elle avait quatre ans à l'époque

She was four years old at the time

et quand elle est venue en courant pour le saluer, il a fondu en larmes

and when she came running to greet him he burst into tears

et il laissa tomber le couteau de sa main

and he let the knife fall from his hand

Il est descendu dans la cour derrière la maison

He went down to the yard behind the house

et il a abattu un jeune agneau.

and he slaughtered a young lamb.

De l'agneau, il a fait une sauce délicieuse

From the lamb he made a delicious sauce

L'ogresse pensait seulement qu'elle mangeait Little Dawn

the ogress only thought she was eating little dawn
Mais elle a déclaré que c'était le meilleur qu'elle ait jamais eu.
but she declared it was the best she ever had
En même temps, l'intendant porta peu d'aube à sa femme
At the same time the steward carried little dawn to his wife
et il lui demanda de la cacher dans les quartiers
and he asked her to hide her in the quarters

Huit jours plus tard, la méchante reine convoqua à nouveau son intendant
Eight days later the wicked queen summoned her steward again
"Pour mon souper" annonça-t-elle "Je mangerai un petit jour".
"For my supper" she announced "I will eat little day"
Le steward n'a pas répondu
The steward made no answer
Il était déterminé à la tromper à nouveau
he was determined to trick her again
Il est parti à la recherche du petit jour
He went in search of little day
Il l'a trouvé avec une petite épée à la main
he found him with a tiny sword in his hand
et il jouait avec un singe
and he was playing with a monkey
Il l'emmena à sa femme
He carried him off to his wife

et sa femme l'a rangé
and his wife stowed him away
Il a servi un jeune cerf à l'ogresse, au lieu de l'enfant
He served a young deer to the ogress, instead of the child
Et l'ogresse l'a trouvé encore plus délicieux
and the ogress found it even more delicious

Jusqu'à présent, tout s'était bien terminé
So far everything had ended well
Mais la méchante reine n'était pas finie
But the evil queen was not done
Elle avait encore plus de faim diabolique
she still had more evil hunger
"J'aimerais manger la reine", dit-elle
"I would like to eat the queen" she said
"avec la même sauce que ses enfants"
"with the same sauce as her children"
Cette fois, le pauvre intendant désespérait
This time the poor steward despaired
Il n'y avait aucun moyen de la tromper à nouveau
there was no way to trick her again
La jeune reine avait vingt ans
The young queen was twenty years old
et les cent ans qu'elle avait dormi
and the hundred years she had been asleep
Sa peau était devenue un peu dure
Her skin had become a little tough
Bien que sa peau soit lisse et belle
although her skin was smooth and beautiful
Quel animal pouvait-il trouver?

what animal could he possibly find?
Quel animal lui correspondrait?
What animal would correspond to her?
Il savait qu'il devait tuer la reine s'il voulait sauver sa propre vie.
He knew he had to kill the queen if he wanted to save his own life
Alors il est monté à l'étage jusqu'à son appartement
So he went upstairs to her apartment
Il était déterminé à faire l'acte
he was determined to do the deed
Il s'est mis en colère et il a sorti son couteau
He brought himself into a rage and he drew his knife
Il entra dans la chambre de la jeune reine
he entered the young queen's chamber
Mais il devait lui montrer un peu de respect
but he had to show her some respect
et il répéta le terrible commandement
and he repeated the terrible command
le commandement qu'il avait de la reine mère
the command which he had from the queen mother
"Faites-le! fais-le!" cria-t-elle, tout en lui montrant son cou
"Do it! do it!" she cried, while baring her neck to him
"Exécutez l'ordre qui vous a été donné!"
"carry out the order you have been given!"
"Alors une fois de plus, je reverrai mes enfants"
"Then once more I shall see my children"
"Mes pauvres enfants que j'ai tant aimés !"
"my poor children that I loved so much!"

On ne lui a pas dit quand les enfants ont été volés
She wasn't told when the children were stolen
et elle les croyait morts
and she believed them to be dead
Le pauvre intendant a été submergé par la compassion
The poor steward was overcome by compassion
“Non, non, Madame,” déclara-t-il
"No, no, Madam" he declared
“Tu ne mourras pas”
"You shall not die"
“Mais vous reverrez certainement vos enfants”
"but you shall certainly see your children again"
“Ils sont dans mes quartiers, où je les ai cachés”
"They are in my quarters, where I have hidden them"
“Je ferai manger à la reine un jeune veau à ta place”
"I shall make the queen eat a young calf in place of you"
“Et de cette façon, nous pourrions la tromper une fois de plus»
"and this way we might trick her once more"
Sans plus tarder, il la conduisit à ses quartiers
Without more ado he led her to his quarters
et il l’a laissée là pour embrasser ses enfants
and he left her there to embrace her children
Il a procédé à la cuisson d’un veau
He proceeded to cook a calf
C’était son meilleur plat à ce jour
This was his best dish yet
Et encore une fois, la reine mère ne s’en rendait pas compte
and again the queen mother didn't realize

Et elle l’a mangé comme si c’était vraiment la princesse
and she ate it as if it really were the princess
La reine mère se sentit satisfaite
The queen mother felt satisfied
même si ses actes étaient cruels
even though her deeds were cruel
Elle avait déjà pensé à une explication;
She had already thought of an explanation;
“Les loups sauvages avaient dévoré sa famille”
"wild wolves had devoured his family"

Elle avait l’habitude de rôder autour du château
It was her habit to prowl around the castle
Elle pourrait trouver plus de viande crue
she might find more raw meat
Et un soir, elle entendit le petit garçon
and one evening she heard the little boy
Il pleurait dans une cave au sous-sol
he was crying in a basement cellar
parce que sa mère avait menacé de le fouetter
because his mother had threatened to whip him
parce qu’il avait été méchant
because he had been naughty
Et elle entendit la voix de Little Dawn
and she heard the voice of little dawn
Elle demandait pardon pour son frère
she was begging forgiveness for her brother
L’ogresse reconnut les voix de la reine
The ogress recognized the voices of the queen

et elle a reconnu le son des enfants
and she recognized the sound of the children
Elle était furieuse de constater qu'elle avait été trompée
She was enraged to find she had been tricked
Le lendemain matin, elle a ordonné qu'une énorme cuve soit apportée.
The next morning, she ordered a huge vat to be brought
et elle fit placer la cuve dans la cour
and she had the vat placed in the courtyard
tous devaient avoir peur de désobéir
all were to frightened to disobey
parce qu'elle était très en colère
because she was very angry
Elle a rempli la cuve de vipères et de crapauds
She filled the vat with vipers and toads
et elle l'a rempli de serpents et de serpents de toutes sortes
and she filled it with snakes and serpents of every kind
Elle avait l'intention d'y jeter la reine, avec ses enfants,
She intended to cast the queen into it, along with her children,
et elle voulait jeter le steward et sa femme dans la cuve
and she wanted to throw the steward and his wife into the vat
Tous ceux qui l'avaient trompée seraient dévorés par les bêtes
all who had tricked her would be devoured by the beasts
Par son ordre, ceux-ci ont été mis en avant.
By her command these were brought forward

Ils avaient eu les mains attachées derrière le dos
they had had their hands tied behind their backs
et ses sbires se préparaient à les jeter dans la cuve
and her minions were getting ready to cast them into the vat
Puis le roi entra dans la cour!
then the king rode into the courtyard!
Personne ne l'attendait si tôt
Nobody had expected him so soon
mais il avait voyagé à la hâte
but he had travelled in a hurry
Rempli d'étonnement, il a exigé de savoir ce que signifiait le spectacle.
Filled with amazement, he demanded to know what the spectacle meant
Personne n'osait lui dire ce qui allait se passer
None dared tell him what was about to happen
L'ogresse était furieuse de ce qui l'attendait
The ogress was enraged at what confronted her
et l'ogresse se jeta dans la cuve
and the ogress threw herself into the vat
et elle fut dévorée en un instant par les créatures hideuses
and she was devoured in an instant by the hideous creatures
Le roi ne pouvait s'empêcher de se sentir désolé
The king could not help but feel sorry
Après tout, elle était sa mère
after all, she was his mother
Mais il ne tarda pas à trouver la consolation

but it was not long before he found consolation
Il était de retour avec sa belle femme et ses enfants
he was back with his beautiful wife and children

La Fin / The End

www.tranzlaty.com

www.ingramcontent.com/pod-product-compliance
Lightning Source LLC
Chambersburg PA
CBHW011143190726
48289CB00012B/3129

* 9 7 8 1 8 3 5 6 6 1 3 9 0 *